À Inès et Candice mes premières lectrices,
à Nicolas, Eliott et Charles.

D. P-M

Denise Péricard-Méa
Illustrations d'Emmanuel Cerisier

LA VIE AU MOYEN ÂGE

Éditions Jean-Paul Gisserot
www.editions-gisserot.com

Plus de mille ans d'histoire

Le Moyen Age est une longue période qui s'étend du 4e siècle au 15e siècle. Comment ces deux seuls mots peuvent-ils résumer mille ans de l'histoire de l'Europe ? Les hommes qui ont vécu pendant ce temps n'ont pas eu l'impression de vivre un «âge moyen». Ils ont fait de grandes choses comme donner naissance à l'Europe, bâtir les cathédrales ou découvrir l'Amérique. Ce sont les gens du 16e siècle qui ont trouvé tout cela démodé. Ils ont préféré l'Antiquité, cette période autour de l'année zéro, avant et après la naissance de Jésus. Ils se sont appelés Modernes et ont méprisé les siècles de leurs grands-parents dans lesquels ils n'ont vu que sauvagerie. Cette image noire est parfois encore utilisée aujourd'hui, malgré de nombreuses études qui ont prouvé la grandeur du Moyen Age. Souvent des journalistes, chaque fois que se passe quelque barbarie dans le monde, s'exclament : «on se croirait au Moyen Age !».

Le Moyen Age a commencé par ce qu'on appelle les Grandes Invasions. Des peuples venus de l'Est, les Angles, Burgondes, Vandales, Ostrogoths, Wisigoths, Huns ont fini, en 476, par renverser l'Empereur de Rome qui régnait sur toute l'Europe. On les a appelés Barbares, mais on sait aujourd'hui que, s'ils avaient un mode de vie différent, ils étaient civilisés. Ils vivaient en tribus dont le chef était choisi selon sa valeur militaire qui lui venait d'un pouvoir magique. Ils

obéissaient à des lois non écrites mais connues de tous. Ils n'étaient pas chrétiens*. Ils savaient forger les armes en fer, et fabriquaient de beaux objets d'orfèvrerie*.

Ces nouveaux venus se sont peu à peu mélangés aux populations en place, mais cela ne s'est pas fait sans douleur, tant leurs habitudes étaient dissemblables. Au 5e siècle, un poète romain écrit à un ami : «Je vis au milieu de hordes chevelues* ! Je n'entends parler que le germanique* ; j'écoute ce que chante dans son ivresse le Burgonde aux cheveux parfumés de beurre rance*... Chaque matin, dix ragoûts m'envoient la puanteur de l'ail et de l'oignon...».

** chrétien : personne qui croît en Dieu et a reçu le sacrement du baptême.*
**orfèvrerie : travail des métaux précieux, or ou argent, pour les transformer en bijoux, vases ou vaisselle.*
** beurre rance : beurre vieilli qui sent mauvais.*
** le germanique : langue à l'origine de l'allemand.*
** hordes chevelues : troupes sauvages d'envahisseurs aux cheveux longs.*

Deux grands rois mérovingiens, Clovis et Dagobert

Parmi les envahisseurs de notre pays (la Gaule, qui faisait partie de l'Empire romain) était une tribu, les Francs. Ils s'étaient installés entre deux rivières du nord, la Meuse et l'Escaut. Leur premier chef connu est Mérovée, qui n'a peut-être jamais existé, mais qui a donné son nom à la dynastie*. Le roi Clovis épousa Clotilde, une princesse burgonde (bourguignonne), chrétienne. Il comprend que, s'il veut être roi de toute la Gaule, il lui faut être chrétien. Son baptême, à Reims, fut un grand moment de l'histoire de la France.

A la mort de Clovis, en 511, selon la loi franque, son royaume fut partagé entre ses quatre fils puis ses

petits-fils. Conséquence, des batailles entre frères qui s'entretuent pour que l'un reste seul à exercer le pouvoir.

Au 7e siècle, Dagobert refait l'unité du royaume franc. Il apparaît comme un roi moins cruel que ses prédécesseurs. Il s'est entouré d'hommes de qualité, en particulier saint Eloi, son maître des monnaies*. On a oublié tout ce qu'on a pu lui reprocher (quelques assassinats, plusieurs épouses) pour ne garder que le souvenir de son respect de la justice, inséparable de sa bonté.

La chanson du Bon Roi Dagobert fut écrite beaucoup plus tard, en 1787 par le comte d'Estournel, pour se moquer du roi Louis XVI sans risquer d'être emprisonné. L'air choisi était celui d'une sonnerie de chasse, la *Fanfare du cerf*.

A la mort de Dagobert, les divisions reprennent et ses successeurs, orphelins trop jeunes, sont dominés par les «maires du palais», chefs du gouvernement. Les plus importants sont les membres de la famille des Pipinnides, qui rêvent de devenir rois.

** dynastie : succession de rois de la même famille.*

** maître des monnaies : celui qui fabrique les pièces de monnaie.*

Le passage des Mérovingiens aux Carolingiens

Les Pipinnides finissent tout doucement par prendre le pouvoir. Il leur faut pour cela plusieurs générations : Pépin II réunit tous les royaumes sans prendre le titre de roi. En 714, son fils Charles Martel lui succède. Il montre ses qualités de chef militaire en arrêtant les Arabes près de Poitiers en 732. Lui non plus ne prend pas le titre de roi. En 741, le fils de Charles Martel est Pépin le Bref. C'est lui qui parvient à être roi, grâce à ses victoires militaires et à son amitié avec le pape. Il est élu roi par l'assemblée des Francs, qui renoncent à en choisir un dans la famille des Mérovingiens. Pour consolider cette élection, il est ensuite sacré, c'est-à-dire oint* du saint Chrême qui fait de lui une personne au-dessus de toutes

les autres, élue de Dieu et non pas des hommes. Le dernier des Mérovingiens est tondu et enfermé dans un monastère. La nouvelle dynastie commence à se justifier en se moquant des rois mérovingiens, de leur longue chevelure où siégeait leur pouvoir et de leur habitude de se déplacer allongés sur leurs chars. Ils les appellent les Rois Fainéants.

** être oint : c'est-à-dire que l'évêque lui fait des marques sur le front, la poitrine et les mains avec l'huile sainte, dite saint Chrême. On dit aussi qu'il reçoit l'onction.*

Charlemagne construit l'Europe

Charlemagne, fils de Pépin le Bref, fut roi des Francs de 768 à sa mort en 814. Il fut un modèle pour tous les rois d'Europe pendant des siècles. Qu'est-ce qu'un bon roi ? C'est un roi qui fait régner la paix et la justice, ce qui permet à ses sujets de travailler et de profiter de leur travail. Une grande partie de l'action de Charles (Magne signifie Grand) fut fondée sur la conquête. Chaque année il convoquait tous les hommes libres qui lui avaient juré fidélité et il les emmenait faire la guerre dans des régions éloignées. Les hommes étaient payés avec des parts du butin et des terres. La conquête était justifiée par le fait qu'il christianisait les régions conquises, d'où la bénédiction du pape, qui le couronne Empereur à Rome en 800. Voici le roi Franc, le descendant de ceux qui ont détrôné l'Empereur romain, devenu empereur à son tour, et l'égal de l'Empereur de Constantinople (Istambul aujourd'hui).

Charlemagne a amélioré l'administration du royaume qu'il gouverne avec l'aide de l'assemblée des hommes libres. Les décisions prises en commun sont écrites dans des capitulaires* qui sont lus partout dans les comtés*. Charlemagne, instruit par l'expérience, a supprimé la charge de maire du palais ! Il n'a pas inventé l'école, mais il s'est entouré de lettrés* qui ont réformé ces écoles, lesquelles avaient surtout pour but de former des prêtres et des évêques. On lui doit aussi une réforme de l'écriture, qui devient plus simple.

Après son père Pépin, Charlemagne a été un grand soutien pour le pape. Parmi les réformes, on baptise les enfants nouveaux-nés mais, pour les protéger, on renonce à les plonger dans l'eau et on se contente de les asperger de quelques gouttes d'eau bénite.

** capitulaire : texte qui renferme les textes qui deviennent des lois.*

** comté : le royaume est divisé en plus petites parties qu'on appelle des comtés, dirigés par des comtes qui obéissent au roi.*

** lettrés : des savants, des intellectuels.*

Le bel empire en miettes. La naissance de la France actuelle

L'Empire ne survit à Charlemagne que le temps du règne de son fils, Louis Le Pieux (814-840). Ensuite, les petits-fils de l'Empereur se partagent les territoires, par un traité signé à Verdun, en 843 : à Charles le Chauve le royaume de France, à Louis la Germanie, à Lothaire (qui donne son nom à la future Lorraine) une bande située entre les deux. Bientôt arrivent de nouveaux envahisseurs. Les Normands, ces «hommes du Nord», arrivent à toute vitesse, pillent de préférence les abbayes, mal défendues et repartent aussi vite. Les musulmans s'installent en Provence. La Bourgogne est ravagée par les Hongrois qui faisaient tellement peur qu'on a fait de ce nom l'Ogre qui mange les enfants.

Charles le Chauve ne sait pas résister. Le pouvoir passe alors aux mains de ceux qui assurent la paix, les comtes les plus puissants (qu'on appelle ducs ou princes). En 987, la dynastie des Carolingiens disparaît. Un nouveau roi est élu, Hugues Capet, duc de la principauté d'Ile-de-France*. Un roi qui ne gouverne guère, mais qui reste respecté parce qu'il est sacré. Les grandes principautés devenues trop grandes éclatent en mille morceaux. Les chevaliers* à leur tour veulent régner sur les terres qu'ils défendaient. C'est l'époque des châteaux-forts (980-1150).

Peu à peu, les rois de France reconquièrent leur royaume, en s'appuyant sur la loi (un roi est capable de faire respecter la justice) : ils défendent un vassal* qui fait appel à eux, ils confisquent les terres d'un vassal félon*, ils administrent le territoire du fils mineur d'un vassal mort. Enfin, ils épousent la fille d'un prince, lorsque l'occasion s'y prête. Trois rois, Philippe-Auguste (1180-1223), saint Louis (1226-1270) et Philippe le Bel (1285-1314) achèvent presque le puzzle : ils ont reconstitué le royaume de France, sauf une partie de l'Aquitaine qui reste aux Anglais. A l'est, la France s'arrête au Rhône, mais occupe au nord une partie de la Belgique actuelle.

** la principauté d'Ile-de-France comprend toute la région parisienne, une partie de la Normandie, et les départements actuels de l'Oise et de l'Aisne.*

** chevalier : à l'origine homme libre suffisamment riche pour pouvoir combattre à cheval.*

** vassal : seigneur qui a juré aide et assistance à un autre seigneur plus puissant que lui, en échange de sa protection.*

** vassal félon : vassal qui a manqué aux promesses faites à son seigneur. Dans ce cas, le seigneur reprend les terres qu'il avait données (voir pages 17 et 18).*

Les nobles

Depuis les Mérovingiens, les rois sont entourés d'un petit groupe d'hommes privilégiés qu'on appelle des aristocrates (en grec, *aristos* signifie «le meilleur») : ils sont les plus riches et les plus forts et ce sont eux qui portent le roi au pouvoir.Pour les remercier, le roi leur donne des fonctions importantes et des cadeaux, souvent des terres. Ce groupe constituera plus tard ce qu'on appelle la noblesse (noble en latin signifie «le plus fameux»). Les nobles pensent que leurs qualités se transmettent d'une génération à l'autre et ils en tirent le sentiment qu'ils sont supérieurs à l'ensemble de la population. D'où l'expression «noblesse de sang». Les familles nobles d'origine franque se voient souvent reprocher d'être les descendants des Barbares, alors ils s'inventent des ancêtres originaires de Troie, la courageuse ville d'Asie mineure prise d'une manière déloyale par les Grecs, dans l'antiquité. Dès le 7e siècle, ils racontent qu'ils sont les descendants de Francion, l'un des célèbre Troyens racontés dans l'Iliade*. Au 13e siècle, le roi Phillipe-Auguste encourage ses soldats en les appelant «courageux descendants des Troyens» et, au 15e siècle, pendant la guerre de Cent ans un poète prédit que le roi Charles VII reconstruira son royaume envahi par les Anglais comme «Troie a été ressuscitée en France».

Il existe des degrés dans la noblesse : ducs et princes, comtes et barons, etc. Ceux des degrés inférieurs se placent sous la protection des plus grands seigneurs : ils se font leurs «vassaux». En échange, ils promettent d'aider le seigneur en toutes circonstances.

La noblesse peut également s'acquérir : un homme libre, d'origine modeste, qui s'illustre sur les champs de bataille peut recevoir des récompenses, s'enrichir et, peu à peu, entrer dans la noblesse dont il adopte les manières. S'illustrer au combat peut aussi donner la possibilité de se marier avec une femme noble, donc de garantir la noblesse à ses descendants.

** L'Iliade est un poème guerrier composé 6 siècles avant Jésus-Christ par un poète grec, Homère.*

Les chevaliers

Les soldats qui défendaient les châteaux ont été une force menaçante pour les seigneurs. Ceux-ci ont alors imaginé, pour se les attacher, d'en faire des vassaux, bien qu'ils ne soient pas nobles de naissance.

Ces chevaliers étaient des hommes libres, assez riches pour s'équiper et s'entraîner à la guerre. Ils formaient un groupe à part, dans lequel on entrait par une cérémonie de remise des armes, «l'adoubement». Peu à peu, les nobles ont voulu que leurs fils deviennent chevaliers, une fois terminé leur apprentissage des armes. Cet apprentissage commence dès l'enfance, au moment où le petit garçon quitte le château pour aller dans celui d'un ami de son père. A partir de l'âge de quinze ans, le jeune homme peut être adoubé, c'est-à-dire

qu'il est fait chevalier. Au cours de la cérémonie il est revêtu d'habits nouveaux, son parrain lui donne une armure, des éperons, un casque, une épée et une lance qui peut mesurer jusqu'à 4 m. Le bouclier, peint aux armes de la famille, protège le chevalier pendant le combat.

Jusqu'au 12e siècle, l'adoubement est une cérémonie où les prêtres n'interviennent pas. Ensuite, l'Eglise propose une veillée de prières. En même temps qu'un guerrier parfait, le chevalier est un homme d'honneur qui combat seulement pour le respect de la justice. Dans la littérature, le chevalier combat souvent pour l'amour de sa Dame, un amour irréalisable appelé «amour courtois» qui pousse le chevalier à devenir toujours meilleur.

Les châteaux-forts

Le seigneur qui habite le château-fort gouverne les habitants des environs. Plus le château est grand, plus le seigneur est puissant et plus il gouverne de gens. Le seigneur reçoit les impôts, convoque les hommes pour la guerre, exerce la justice, contrôle le commerce, entretient rivières, routes et ponts. Les premiers châteaux-forts construits au 10e siècle sont des donjons de bois, protégés par des fossés et des palissades.

Grâce à un texte ancien, on peut imaginer le donjon de bois construit à Ardres (Pas-de-Calais), aujourd'hui disparu. Il compte trois étages dans lesquels vit confortablement toute la famille. Au rez-de-chaussée, les cuisines et les réserves de toutes sortes, à côté un autre bâtiment pour les animaux. Au-dessus, plusieurs chambres, celle du seigneur, une autre pour les servantes et les enfants, une autre avec cheminée pour les malades ou les grands froids. Tout en haut, une chambre pour les garçons, une pour les filles, une autre pour les gardes et les guetteurs, ainsi que la chapelle.

Peu à peu, les châteaux-forts deviennent de plus en plus grands. Les plus puissants sont en pierre, tel celui de Loches (Indre-et-Loire), construit au 11e siècle. Au 13e siècle, celui de Château-Gaillard en Normandie est construit pour y faire vivre des soldats, il ne doit servir qu'à la guerre.

L'Église

Le christianisme (religion des chrétiens, qui croient en un Dieu unique) est devenu religion d'Etat au 4e siècle, après que l'Empereur des romains se soit converti. Cela signifie qu'on a cessé de persécuter les chrétiens. Mais tous ne sont pas subitement devenus chrétiens. Beaucoup sont restés longtemps païens.

Progressivement furent mis en place des diocèses* dirigés par un évêque* depuis son église cathédrale (Rome, Lyon, Sens, Tours, etc). Le pape n'a d'abord été que l'évêque de Rome. Ce n'est que peu à peu qu'il imposa sa supériorité aux autres évêques. L'un des premiers à pouvoir le faire fut Grégoire le Grand (590-604). Grâce à l'activité de missionnaires, les communautés chrétiennes deviennent de plus en plus importantes et se divisent en paroisses, dirigées par un curé*. La liturgie se fixe peu à peu. Tous les dimanches, les chrétiens doivent se retrouver à la messe.

En même temps sont fondées des abbayes dans lesquelles vivent des moines, retirés du monde. Ils choisissent des lieux sauvages, mais bientôt des hommes viennent construire leurs maisons autour d'eux, pour les aider à travailler.

Selon le conseil du pape Grégoire le Grand, le développement du culte* des saints aide à former de nouveaux chrétiens. Des reliques*, achetées parfois à prix d'or, sont mises en place sur les lieux où étaient honorés les anciens dieux, et les pèlerins y viennent en foule. Mais la christianisation ne se fit pas sans reculs. Au début du 8e siècle, saint Boniface décrit au pape une situation catastrophique: «La religion est piétinée. Des criminels sont ordonnés prêtres* et même deviennent évêques. Beaucoup sont des ivrognes et des brutes qui n'ont pas peur de tuer des chrétiens».

** diocèse : portion de territoire contrôlée par un évêque.*
** évêque : prêtre qui dirige le diocèse.*
** culte : honneurs rendus aux saints.*
** un curé est un prêtre qui s'occupe des personnes d'une paroisse.*
** une relique est morceau du corps d'un saintou quelque chose, qui l'a touché. Si on s'en approche, ou si on la touche, on reçoit un peu des qualités du saint. La relique peut aussi guérir les malades.*
** prêtre : celui qui a reçu le sacrement de l'ordination (il peut dire la messe et donner les sacrements, par exemple le baptême).*

Les églises

Au 11e siècle, un moine constate que la France se couvre «d'un blanc manteau d'églises». Il en existait avant, mais elles étaient moins nombreuses et parfois construites en bois. Ces églises, dont beaucoup sont encore vivantes aujourd'hui, sont dites «romanes». Elles sont souvent rectangulaires. Elles comprennent deux parties, le chœur et la nef. Les offices se célèbrent dans le chœur, devant les fidèles qui sont dans la nef. En dehors de ces offices, la nef sert de maison commune, lieu de vie et de réunion des habitants de la paroisse. A partir du 13e siècle, les modes de construction changent car les techniques ont progressé. Les églises, plus hautes et plus claires, sont dites «gothiques» (ce nom leur est attribué au 19e siècle pour dire qu'elles sont démodées, datant des Goths, les Barbares).

Plus grandes sont les cathédrales, où siège l'évêque. Les cathédrales romanes ont pratiquement toutes été remplacées par des cathédrales gothiques (Bourges, Paris, Beauvais, Chartres, etc). De plus en plus grandes, de plus en plus hautes, de plus en plus ornées de sculptures et de vitraux somptueux, Elles rivalisent de luxe car elles sont en même temps le signe de la grandeur du roi.

Les églises des abbayes ne sont construites que pour les moines qui y vivent en communauté. Certains moines pensent que «rien n'est trop beau pour honorer Dieu» et décorent leurs églises de peintures et de vitraux multicolores (exemple l'abbaye de Cluny, en Bourgogne). D'autres pensent que tous ces décors détournent leurs pensées de la prière et préfèrent donner l'argent aux pauvres (exemple, l'abbaye de Noirlac en Berry). Beaucoup de ces églises ont été détruites à la Révolution. Aujourd'hui certaines sont vides et ouvertes au public. D'autres abritent encore des communautés de religieux ou de nouvelles communautés de laïcs.

Les paysans

La grande masse de la population est constituée de paysans, lesquels peuvent être «libres» ou «serfs», les seconds n'étant pas totalement libres. Dans la pratique, la vie des uns et des autres se ressemble, mais le serf est de condition inférieure, une condition dont il ne peut se libérer que très difficilement. Il appartient au seigneur auquel il doit payer chaque année des taxes* qui marquent ce servage.

Dans leur grande majorité, les paysans cultivent des terres qui appartiennent à un seigneur. En échange, ils doivent un «loyer», payable chaque année en argent ou en donnant des jours de travail ou des produits de la récolte. Les paysans libres sont, de plus, obligés de donner des jours de service militaire : soit ils partent plusieurs semaines par an, soit ils rachètent ce service par de l'argent, soit ils donnent des jours de travail

pour l'entretien des routes, des ponts et des fortifications.

On a beaucoup dit que les paysans étaient très pauvres, attachés au service de seigneurs toujours très méchants. C'est faux. Certes, il y eut de méchants seigneurs et des révoltes paysannes. Mais, dans l'ensemble, les seigneurs avaient intérêt à ce que les paysans soient en bonne santé afin que leur travail soit de bonne qualité car la famine menaçait toujours, A partir des années 1150, il y eut une forte augmentation de la population, ce qui a permis d'agrandir les surfaces de terres cultivables en abattant de grandes surfaces de forêts. Ce fut l'époque dite des «grands défrichements».

** taxes : sommes d'argent.*

Villes et villages

Certaines villes du Moyen Age existaient déjà du temps des Romains (Paris, Lyon, Bourges, Tours). D'autres sont nées plus tard, autour d'un château (Châteauroux), d'une église de pèlerinage (Le Puy) ou d'une abbaye (Moissac). On les distingue des villages en ce qu'elles sont entourées de murailles, gardées à tour de rôle par les hommes de la ville. A l'origine, elles sont gouvernées par les seigneurs puis, peu à peu, par les habitants eux-mêmes, choisis parmi les plus riches. Tous les habitants sont libres, il n'y a pas de serfs* en ville. Selon sa taille, la ville compte une ou plusieurs églises où se regroupent les fidèles d'une paroisse.

Les rues sont étroites et souvent fort encombrées. Les artisans y travaillent et y laissent des déchets, les animaux s'y promènent, vaches, cochons, chèvres et volaille. Les chariots passent et repassent, conduits par des charretiers* qui font parfois la course, au risque d'écraser des enfants qui jouent. Les passants circulent de leur mieux au milieu de l'agitation. Aux fenêtres, des pots de fleurs mettent des notes de couleur. Les étrangers et les voyageurs sont reçus à l'auberge. L'hôpital reçoit les pauvres et les enfants abandonnés. Les dames riches de la ville viennent leur rendre visite et apporter des gâteries.

Les jours de marché, l'agitation est à son comble car les villageois des environs viennent vendre leurs produits et acheter ce dont ils ont besoin.

** serf : personne privée de certaines libertés.*
** charretier : conducteur de voitures tirées par les chevaux.*

Le commerce. Les transports

Villes et villages sont reliés entre eux par des routes et des chemins. Les grandes routes sont parcourues par les armées, mais aussi par les nombreux commerçants qui vendent et achètent d'un bout de l'Europe à l'autre. Au 12e siècle, les foires de Champagne rassemblent Italiens, Flamands*, Anglais, Espagnols. Les premières banques ont fonctionné, avec des «lettres de change» qui sont à l'origine des chèques. En effet, il était dangereux de transporter de l'argent liquide. Les distances parcourues sur les routes montrent qu'il n'est pas rare de parcourir plusieurs centaines de kilomètres par jour. Cela prouve aussi qu'elles sont bien entretenues. Jusqu'au 12e siècle les bateaux marchands naviguent en Méditerranée. Ensuite, ils sont construits de telle manière

qu'ils peuvent affronter l'océan atlantiques. Les vins circulent du sud au nord, les livres aussi, transportés souvent dans des tonneaux afin qu'ils ne prennent pas eau.

Les étudiants également circulent d'école en école, contribuant à l'échange des connaissances et des idées. Parfois des enfants prennent la route pour partir en pèlerinage. Au 14e siècle, on les voit venir en grandes troupes d'Allemagne vers le Mont Saint-Michel, sans qu'on ait jamais compris pourquoi.

**Flamands : habitants des Flandres (aujourd'hui Belgique et Pays-Bas).*

L'industrie

Les voyages continuels ont permis la diffusion de techniques déjà connues ailleurs. Les moulins à eau se multiplient à partir du 11e siècle. On les utilise pour moudre le grain et obtenir de la farine, écraser les noix ou les graines de lin pour l'huile, mais aussi pour broyer le minerai de fer*, ou pour fouler* la laine. Les bois abattus lors des défrichement ont servi à augmenter la production de fer, si utile pour travailler la terre et pour la guerre. En effet, le fer se purifie

*minerai : le fer tel qu'on le trouve dans la terre.
* presser la laine dans l'eau pour la rincer ou la teindre.

et se travaille à grande chaleur, obtenue en brûlant beaucoup de bois. Pour la même raison, ils ont permis aussi d'augmenter la production de verre. Dans les villes, les hommes exerçant le même métier se regroupent en «métiers» (au 18e siècle, on dit «corporations»). Parmi les métiers de l'alimentation, les bouchers sont les plus puissants. L'industrie textile exige de longues opérations pour produire de beaux tissus. Hommes, femmes et enfants lavent, trient, filent, teignent, tissent. Les cordonniers travaillent le cuir venu de Cordoue, en Espagne. Chacun de ces groupements de «métier» défend la qualité des productions et partage les risques des transports.

Hygiène et pollution

Le Moyen Age a ignoré la pollution chimique telle que nous la connaissons aujourd'hui. Pourtant, il a connu la pollution des rivières qui recevaient déjà les déchets toxiques des industries : papeteries, tanneries, teintureries par exemple. Simplement, les quantités étaient moindres.

L'eau est au cœur de la question de l'hygiène. Elle est nécessaire à la toilette, au ménage, à la lessive. On a beau-

coup dit que les gens du Moyen Age étaient sales. C'est faux. Bien sûr, en temps de guerre ou d'épidémie, cela pouvait changer. En temps ordinaire, les femmes vont au puits pour y chercher l'eau. Il va de soi qu'elles l'économisent. Mais il faut savoir qu'on peut parfaitement être propre sans longues douches quotidiennes.

En revanche et pendant longtemps, la rue n'est pas un endroit considéré comme propre : des familles entières y font leurs besoins car leurs logements sont dépourvus de toilettes. Seuls les grands seigneurs en disposent. La rue sert aussi de dépôt d'ordures et les cochons viennent y chercher de quoi se nourrir. A la campagne, on voit encore quelques cours de ferme emplies de fumier, de boue, de vieux matériels rouillés. Elles sont les derniers témoignage d'un temps où les efforts de propreté ne pouvaient se concentrer que sur le logis.

La femme

Ce sont surtout des hommes qui ont écrit sur la femme au Moyen Age. Marqués par l'histoire d'Adam et Eve, ils ne lui font pas bonne réputation, elle est un danger. Les poètes de l'Amour chantent la femme idéale, blonde à la peau claire, un vaste front, une bouche vermeille. La réalité est tout autre. Si elle n'entre pas au couvent, la jeune fille est mariée jeune, parfois à dix ans. Paysannes ou nobles sont menacées par un même

danger, mourir en mettant leurs enfants au monde. A la campagne, la femme participe aux travaux des champs, tient sa maison, file la laine et le chanvre et tisse les tissus, cultive le jardin. Sainte Radegonde, au 6e siècle, s'occupe des cuisines dans son couvent de Poitiers : «Elle tirait l'eau au puits et la versait dans les récipients. Elle nettoyait les choux, lavait les légumes, soufflait sur le feu pour faire cuire les aliments. Elle lavait les plats et les présentait. Le repas achevé, elle trempait la vaisselle dans l'eau, nettoyait la cuisine en la débarrassant des ordures qui encombraient le sol».

Si la femme est propriétaire d'un grand domaine, elle dirige tous les travaux. Dans les villes, certaines sont artisans : elles fabriquent des aiguilles, des couteaux, des boucles de ceinture, des pots d'étain. D'autres sont sage-femmes, boulangères ou ouvrières dans le bâtiment.

Elles sont plus nombreuses que les hommes à savoir lire, compter, chanter, danser. Quelques-unes, comme Christine de Pisan au 15e siècle, sont écrivains, mais elles sont rares. Certaines dames nobles chassent. Parmi les femmes exceptionnelles, certaines ont des visions d'avenir et sont très écoutées des princes et des rois. Parmi elles, Jeanne d'Arc qui réussit à convaincre le roi Charles VII de résister à ses ennemis et à se faire sacrer à Reims.

Les enfants

Les enfants sont le plus souvent nourris au sein de leur mère, mais d'autres ont des nourrices. Beaucoup meurent bébés, et ces décès causent toujours une peine immense aux parents. Contrairement à ce qu'on a pu dire, le sentiment maternel est aussi fort au Moyen Age qu'aujourd'hui.

Jusqu'à sept ans, l'enfant noble est confié aux femmes. Ensuite, si c'est un garçon, il apprend à lire, à chasser, à manier les armes, à monter à cheval. Vers l'âge de douze ans, il part servir d'écuyer à un seigneur ami pour terminer son apprentissage. Les fils de princes, dès le 12e siècle, savent qu'un «roi illettré* est un âne couronné».

Très jeunes, comme cela a été longtemps le cas, les enfants de paysans, aident leurs parents à garder les animaux. Les petites filles apprennent à filer à la quenouille. Quelques garçons vont à l'école du curé. D'autres sont envoyés dans des monastères pour y devenir moines. Les enfants d'artisans apprennent le métier de leur père en le regardant travailler, puis en participant peu à peu.

Malgré leurs occupations, les enfants jouent beaucoup, à des jeux dont certains sont encore pratiqués aujourd'hui : cache-cache, quatre coins, saute-mouton, quilles, marelle.

La grande Peste. La Guerre de Cent Ans

En 1314, la mort de Philippe le Bel ouvre une période de grandes crises. A partir de 1315, la famine reparaît partout, à la suite de mauvais temps et de mauvaises récoltes. En 1348 arrive la Peste Noire*, cette horrible maladie contagieuse qui a tué presque la moitié des habitants de la France. L'épidémie arrive d'Orient. Elle est transmise par les rats. Le premier malade a débarqué d'un bateau à Marseille.

Vient ensuite la Guerre de Cent Ans qui oppose la France et l'Angleterre : les trois fils de Philippe le Bel sont morts. Reste sa fille, mariée au roi d'Angleterre qui réclame la couronne de France. Mais les nobles de France refusent et donnent la couronne à un cousin, Philippe VI. Tout s'aggrave lorsque le roi Charles VI est frappé de folie. Il promet le trône aux Anglais : c'est la guerre civile entre les Français, d'un côté ceux qui soutiennent le roi, de l'autre ceux qui soutiennent les Anglais. Jeanne d'Arc sauve la France.

**Peste Noire : pour essayer d'échapper à la maladie, les médecins s'habillaient d'une grande blouse avec un masque, des gants et des bottes noirs.*

La guerre n'a pas été permanente, mais ces deux siècles (14e et 15e) ont été très durs à vivre. Les paysans étaient trop peu nombreux pour exploiter les terres et nourrir les populations, les soldats non payés attaquaient les voyageurs pour survivre, les révoltes grondaient dans les villes. Parallèlement se multipliaient les tournois, les fêtes, l'étalage insolent de la richesse de certains. Tous avaient une grande peur de la mort, présente partout.

Comprendre le Moyen Age pour mieux vivre aujourd'hui

Nous sommes les héritiers de ces hommes, ces femmes, ces enfants qui ont vécu pendant les mille ans du Moyen Age. Certaines familles nobles prétendent encore descendre de Charlemagne, ou de saint Louis, ce qui est un peu naïf étant donné que les registres d'état-civil ne datent que du 16e siècle. Voici plusieurs siècles, elles ont payé des «généalogistes» pour se faire reconnaître de grands ancêtres lointains. Ils ont réussi ! Ils n'ont fait que copier les rois qui, à chaque changement de famille, se débrouillaient pour retrouver un lien de parenté avec ceux dont ils avaient pris la place... Mais toutes les familles d'aujourd'hui ont des ancêtres qui ont vécu au Moyen Age, sans doute des paysans, ou des artisans. Tous ont fait partie de la société qu'on divisait en trois parties : ceux qui prient (l'Eglise), ceux qui

combattent (les nobles), ceux qui travaillent (la grande masse). Nous leur devons beaucoup : ils ont mis en place nos villes et nos villages, nos routes, nos champs. Ils ont étudié la médecine, les mathématiques, la chimie qu'on appelait l'alchimie, ils ont rêvé de voler dans le ciel, ils sont partis à l'aventure sur l'océan pour découvrir l'Amérique, ils ont exploré toutes les terres inconnues du globe.

Déjà au 12e siècle, un grand savant, Bernard de Chartres, rendait hommage à tous les hommes qui l'avaient précédé. Il écrivait : «nous sommes comme des nains sur les épaules des géants (nos ancêtres). Nous pouvons de la sorte voir plus de choses qu'eux, et de plus éloignées. Nous ne voyons pas plus clair, nous ne sommes pas plus grands, mais nous sommes portés par leur haute taille».

Table des matières

Imprimé par Pollina Luçon 85 n° d'impression : L49056B
Imprimé en France